小学生の思考力を引き出す！

算数クイズ集

〈5・6年〉

蔵満逸司 著

黎明書房

はじめに

「クイズです。同じ道を行きは時速 40km，帰りは時速 60km で往復すると，往復の平均時速はいくらになるでしょう？」

行き：時速 40km

帰り：時速 60km

このクイズを出した時の反応は，子どもも大人もあまり変わりません。簡単な問題だなあという表情で，ノートに時速50km と書いて私の方を自信にあふれた顔で見ます。私が，「時速50kmではありません」と伝えると，驚いた顔に変わり，ようやく真剣に考え始めるのです。それでも簡単には正解にたどりつけません。

私も同じでした。何も考えず時速50km だと思った私は答えを見てびっくりしました。そして同時に面白いなあと感動しました。教員になって，授業づくりに悩みながら試行錯誤していた私が出会った忘れられないクイズの一つです。本書の 10 ページに三択問題として載せました。子どもたちの反応を楽しみに出題してください。

算数学習にクイズを取り入れると，算数が苦手な子どもたちも思考を楽しむことに気づいた私は，授業の導入に，学習課題として，応用問題として，宿題にといろいろな場面にクイズを取り入れるようになりました。

算数の授業では，子どもたちに思考する楽しさを味わわせながら，思考力を高めることを大切にしてきました。授業では，特に次の8つの思考習慣を意図的に育てる実践を行いました。

1	既習内容との関連を考える習慣	5	単純にして考える習慣
2	数字にこだわる習慣	6	試して考える習慣
3	単位にこだわる習慣	7	検算する習慣
4	図で考える習慣	8	自分の思考を振り返る習慣

　子どもたちが楽しみながら，この8つの習慣を身につけるために算数クイズは有効でした。

　本書では該当学年の学習内容に直接関わるクイズだけでなく，関連する他教科に関わる問題や発展問題も収録しました。目的に応じて取捨選択して，また自由にアレンジしてご活用ください。児童の実態に合わせて，臨機応変にヒントを出してみんなが活躍するクイズになるよう工夫していただけると何よりです。

　『小学生の思考力を引き出す！　算数クイズ集』全2巻は，次の皆様のご協力で完成することができました。ありがとうございました。

　照屋由紀子様（1年担当），目取眞堤様（2年担当），島袋恵美子様（3年担当），久髙伶実様（4年担当），濱川法子様（5年担当），神里美智子様（6年担当），屋嘉比理様（全体構成）。

　蔵満司夢様・蔵満結花様には全体を見てご助言をいただきました。

　黎明書房の武馬久仁裕社長，編集担当の伊藤大真様には大変お世話になりました。ありがとうございました。

　2023年　秋

　　　　　　　　　　　　　　　　　　　　　　　　　　　　　蔵満逸司

この本の使い方

授業の導入で使う

　学習クイズを授業の導入で使うと，「今日の勉強楽しそう」「もっとくわしく勉強したい」と思う児童が増えます。画用紙やホワイトボードにクイズを書いておき，「ジャジャーンクイズです」と笑顔で児童に提示したり，効果音を用意してクイズの前やシンキングタイムに流す演出も効果的です。

学習課題として使う

　学習クイズと学習課題はボーダーレスです。本書の3択や穴埋めクイズを記述式の問題に変えるなどして学習課題として使うのもおすすめです。用意した学習課題の言葉や出し方を学習クイズ風に工夫してみるのもいいですね。

応用問題として使う

　楽しみながら，学習したことを生かしたり，学習したことを別の視点で振り返ることができるのも学習クイズを使う魅力です。子どもたちの実態に合わせてヒントを出したり，類似クイズを続けて出すなど工夫してみてください。

学級通信に載せる

　学級通信に算数クイズを載せると，家族で算数学習が話題になるかもしれません。次の号に正解と解説を載せることを忘れないようにしましょう。

家庭学習で使う

　クイズだけど算数なんです。家庭での算数学習にも役立ちます。お子様へのプレゼントとしてもおすすめです。

目 次

面積が２００cm^2 の正方形を書こう。

▶こたえは，40 ページにあります。

◆数字のならび方のルールを見つけ，（　　）の中に数字をいれましょう。

Q1

$$\frac{1}{6} \rightarrow \frac{1}{4} \rightarrow (\quad) \rightarrow \frac{5}{12} \rightarrow \frac{1}{2} \rightarrow \frac{7}{12} \rightarrow \frac{2}{3}$$

Q2

$$\frac{1}{3} \rightarrow \frac{1}{2} \rightarrow \frac{3}{5} \rightarrow \frac{2}{3} \rightarrow \frac{5}{7} \rightarrow \frac{3}{4} \rightarrow \frac{(\quad)}{9}$$

Q3

$$\frac{2}{3} \rightarrow \frac{11}{17} \rightarrow \frac{5}{8} \rightarrow \frac{3}{5} \rightarrow \frac{4}{7} \rightarrow \frac{7}{13} \rightarrow \frac{1}{2} \rightarrow$$

$$\frac{(\quad)}{11} \rightarrow \frac{2}{5} \rightarrow \frac{1}{3} \rightarrow \frac{1}{4}$$

Q4

$$\frac{2}{1} \rightarrow \frac{1}{2} \rightarrow \frac{2}{9} \rightarrow \frac{1}{8} \rightarrow \frac{2}{25} \rightarrow \frac{1}{(\quad)} \rightarrow \frac{2}{49} \rightarrow \frac{1}{32}$$

Q5

$$120 \rightarrow 60 \rightarrow 40 \rightarrow 30 \rightarrow (\quad) \rightarrow 20$$

Q6

$$\frac{1}{1} \rightarrow \frac{6}{3} \rightarrow \frac{15}{5} \rightarrow \frac{36}{9} \rightarrow \frac{5}{1} \rightarrow \frac{12}{2} \rightarrow \frac{(\quad)}{4}$$

答え (1) $\frac{1}{3}$　(2) 7　(3) 5　(4)18　(5)24　(6)28

･･

(1) 問題文の分数を通分すると，

$\frac{2}{12}$ $\frac{3}{12}$ $\frac{4}{12}$ $\frac{5}{12}$ $\frac{6}{12}$ $\frac{7}{12}$ $\frac{8}{12}$ となる，$\frac{4}{12}$ を約分すると $\frac{1}{3}$

(2) 3分の1から，分母も分子も1つずつ足し，約分できるものは約分するルール。

$\frac{1}{3}$ $\frac{2}{4}$ $\frac{3}{5}$ $\frac{4}{6}$ $\frac{5}{7}$ $\frac{6}{8}$ $\frac{7}{9}$

(3)18分の12から，分母も分子も1ずつ減らし，約分できるものは約分するルール。

$\frac{12}{18}$ $\frac{11}{17}$ $\frac{10}{16}$ $\frac{9}{15}$ $\frac{8}{14}$ $\frac{7}{13}$ $\frac{6}{12}$ $\frac{5}{11}$ $\frac{4}{10}$ $\frac{3}{9}$ $\frac{2}{8}$

(4) 分子は全部2，分母は1×1，2×2，3×3と同じ数字をかけた答えを並べて分数にし，約分できるものは約分するルール。

$\frac{2}{1}$ $\frac{2}{4}$ $\frac{2}{9}$ $\frac{2}{16}$ $\frac{2}{25}$ $\frac{2}{36}$ $\frac{2}{49}$ $\frac{2}{64}$

(5) 120を1, 2, 3, 4, 5, 6で割った答え。120÷1＝120, 120÷2＝60, 120÷3＝40, 120÷4＝30, 120÷5＝24, 120÷6＝20。

(6) 約分すると，123456になる。6の次は7なので，（　）は28。

「通分」「約分」を意識するようになるクイズです。

5年 3たくクイズ

3たくクイズです。正しい数字の番号を答えてください。

Q7

世界で一番人口密度（みつど）の高い国はモナコで，1km² あたりの人口密度は19075人です。日本の人口密度の約何倍でしょう？

① 約15倍　②約56倍　③約87倍

Q8

世界で一番人口密度の低い国はモンゴルです。モンゴルの人口は，340万9939人で面積は156万4100km²。モンゴルの1km² あたりの人口密度は日本の約何分の1でしょうか？

①104分の1　②154分の1　③204分の1

Q9

住宅（じゅうたく）広告に「徒歩○○分」と書いてあることがあります。1分で歩く距離（きょり）の基準（きじゅん）は？

①80m　②100m　③120m

Q10

長方形の縦（たて）を10％長くして横を10％短くすると面積はどうなる？

①広くなる　　②変わらない　　③せまくなる

Q11

六角形の内角の和は三角形の内角の和の何倍？

①4倍　　②3倍　　③2倍

答え　(7) ②　(8) ②　(9) ①　(10) ③　(11) ①

(7) 人口密度は1平方キロメートルあたりの人口。モナコの人口密度は19075人で日本の人口密度338人の約56.4倍。二位はシンガポールで日本の約23.1倍。（キッズ外務省より）

(8) モンゴルの人口密度は約2.2人で日本の人口密度338人の約154分の1。二位はナミビアで約3人。（外務省ホームページより）

(9) 一分間でどれぐらい歩くことができるかは人それぞれだが，消費者が正しく判断できるように基準が決められている。

(10) 縦の長さが1.1倍，横の長さが0.9倍になるから，$1.1 \times 0.9 = 0.99$とせまくなる。縦10cm 横20cmの長方形だと，200cm^{2}が198cm^{2}にせまくなる。

(11) 六角形を対角線で三角形に分けると4つに分けられる。三角形の内角の和は180度だから，180度の4倍で720度。

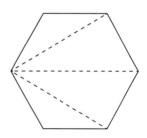

Q12

調理で使われる計量スプーンの大さじは，小さじ（5ml）の３００％です。
大さじは何 ml ？

①8ml　　②15ml　　③150ml

Q13

同じ道を行きは時速 40km，帰りは時速 60km で往復すると，往復の平均
時速はいくらになるでしょう？

①時速 50km　　②時速 50km より速い　　③時速 50km より遅い

Q14

片道 240km の道を，行きは時速 40km，帰りは時速 60km で往復すると，
往復の平均時速はいくらになるでしょう？

①時速 48km　　　②時速 48km より速い

③時速 48km より遅い

Q15

正方形を一本の直線で切って作ることのできる図形は，ひし形，直角三角形，
円，直角二等辺三角形，台形，長方形，五角形のなかでいくつある？

①5つ　　②6つ　　③7つ

Q16

表面積が150m² の立方体があります。この立方体の体積は？

①100m³　　②125m³　　③150m³

答え (12) ②　(13) ③　(14) ①　(15) ①　(16) ②

（12）調理でよく使われる計量スプーンは，２００mlの計量カップと共に香川綾博士が１９４８年に考案した。

（13）例えば片道120kmだとすると，行きが３時間かかり帰りが２時間かかる。往復で240kmでかかった時間が５時間だから平均時速は48km。

（14）片道240kmだから行きが６時間かかり帰りが４時間かかる。往復480kmでかかった時間が10時間だから平均時速は48km。道のりは変わっても行きは時速40km，帰りは時速60kmだと平均時速は変わらない。

（15）正方形を一本の直線で切ると，直角三角形，直角二等辺三角形，台形，長方形，五角形を作ることができる。ひし形と円は，どう切っても作れない。

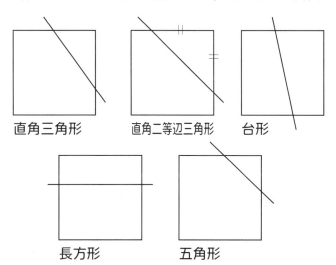

直角三角形　　直角二等辺三角形　　台形

長方形　　五角形

（16）立方体の面は正方形で数は6。150m²÷6＝25m²。正方形の面積が25m²だから一辺は5cm。だから立方体の体積は，5×5×5＝125m³。

Q17

1つの頂点から引ける対角線の数が8本の多角形は何角形？

....

①8角形　　②9角形　　③11角形

Q18

1円玉100個をしきつめ正方形を1つ作ると，できた正方形の一番外側に一円玉は何個並んでいる？　＊すきまは考えません。

....

①32個　　②36個　　③40個

Q19

1000円で仕入れた商品に2割増しの定価をつけ2割引きすると値段はどうなる？

....

①同じ値段になる　② 1000 円より高くなる　③ 1000 円より安くなる

Q20

体積が125cm³の立方体の一辺は何 cm ？

....

①3cm　　②5cm　　③25cm

Q21

ある三角形と合同な図形を書くために役に立つ情報は？

....

①三つの内角の角度　　②三つの辺の長さ　　③内角の和

Q22

次の立体の中で，どこから見ても全く同じ形に見えるのは？

①立方体　　②球　　③直方体

答え　(17) ③　(18) ②　(19) ③　(20) ②　(21) ②　(22) ②

(17) 多角形の一つの頂点からは，その頂点と，となりの頂点2つの合計3つの頂点には対角線が引けない。8に3を足すと11。

(18) 1円玉100個を敷き詰めて正方形を一つ作ると縦10個，横10個の正方形になる。外側に並ぶ1円玉は10×4−4で36個。

(19) 1000円に2割の200円増しの定価をつけると1200円。定価1200円の2割の240円を引くと960円になる。

(20) 立方体はサイコロの形をしている。立方体の体積は，一辺×一辺×一辺。同じ数字を3回かけて125になる数は5。

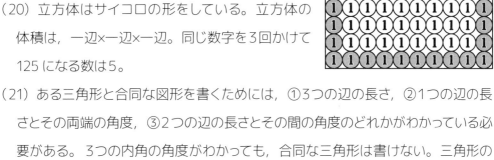

(21) ある三角形と合同な図形を書くためには，①3つの辺の長さ，②1つの辺の長さとその両端の角度，③2つの辺の長さとその間の角度のどれかがわかっている必要がある。3つの内角の角度がわかっても，合同な三角形は書けない。三角形の内角の和はどれも180度だからこれも違う。

(22) テニスボールや野球ボールのような球体は，どこから見ても円に見える。

Q23

国語・社会・算数，3枚のテストの平均が79点。理科が何点なら4教科平均が80点になる？

①80点　　②82点　　③83点

Q24

正六面体は，サイコロの形で1つの面の形は正方形です。では，正八面体の一つの面の形は？

①正三角形　　②正方形　　③正八角形

Q25

オセロの駒は上から見ると円。それでは，将棋の駒を上から見ると？

①正方形　　②五角形　　③六角形

Q26

五角柱の頂点の数は？

①5　　②10　　③15

Q27

一辺が10cmのひし形の内角の和は？

①180度　　②360度　　③540度

Q28

一般的(いっぱんてき)に，固形の薬を飲むときは，どのくらいの水で飲むのがいい？

・・

①水なしでいい　　②25ml（少し）　　③200ml

Q29

0，5，23，36，350，5601のなかで偶数(ぐうすう)は？

・・

①0，5，23，5601　　②36，350　　③0，36，350

答え　（23）③　（24）①　（25）②　（26）②　（27）②　（28）③　（29）③

（23）国語と社会と算数と理科の平均が80点だと4教科の合計は80×4で320点。

320点から国語・社会・算数の合計237点（79×3）を引くと83点。

（24）正多面体は，どの面も同じ正多角形で，どの頂点に接する

面の数も同じ立体。

（25）将棋の駒は，上から見ると家の形のように見える五角形。

碁で使う碁石はオセロと同じで上から見ると円。

（26）五角柱には底面が2つある。それぞれの底面に頂点

が5つあるから，5×2で全部で10。

（27）ひし形は，三角形二つに分けられるから，内角の和は180度×2

で360度。一辺の長さは何cmでも内角には関係ない。

（28）薬を水なしで飲んだり，わずかな水で飲むと，薬が十分に溶けなくて効き方が

悪くなったり，食道にひっかかったりすることもあるとされている。

（29）2で割り切ることのできる整数が偶数。0も偶数。2で割り切ることのできな

い整数は奇数。

Q30

1から100までの整数を全部かけると答えは偶数または奇数？

①偶数　　②奇数　　③どちらでもない

Q31

正十二面体，1つの面の形は？

①正三角形　　②正方形　　③正五角形

Q32

三角柱，四角柱，五角柱で同じ数なのは？

①辺の数　　②底面の数　　③頂点の数

Q33

次のなかで，対角線が垂直に交わり互いに長さを二等分する四角形は？

①台形　　②平行四辺形　　③ひし形

Q34

一日の気温の変化を表すのに向くグラフは？

①棒グラフ　　②折れ線グラフ　　③円グラフ

一般的なサッカーボールにある３２枚の面の形は？

①全部正六角形　　②正五角形と正六角形

③正三角形と正五角形

答え　(30) ①　(31) ③　(32) ②　(33) ③　(34) ②　(35) ②

(30) 2に整数をかけると必ず偶数になる。1から100までの整数を全部かけると2
もかけることになるから，答えは必ず2で割れる偶数になる。

(31) 正多面体は正四面体，正六面体，正八面体，正十二面
体，正二十面体の五種類。面の形は，正六面体が正方形，
正十二面体が正五角形，他は正三角形。

(32) 三角柱や四角柱など角柱の底面の数はどれも2つ。側
面はどれも長方形だが数は違う。

(33) 4辺の長さが全て等しい四角形がひし形。ひし形の向き合う辺は必ず平行なの
で平行四辺形でもある。対角線2本の長さが等しいひし形は正方形。

(34) 時間とともに変化する気温などの数量を表す点を順につないだグラフが折れ線
グラフ。変化の様子がよくわかる。

(35) サッカーボールには，正五角形12と正六角形20の合計
32の面がある。頂点は60あり，どの周りにも正五角形1
枚と正六角形2枚が集まっている。

Q36

正四面体の1つの面の形は？

....

①正方形　　②正三角形　　③台形

Q37

ミツバチやスズメバチの巣はどんな形の小部屋でできている？

....

①正五角形　　②正六角形　　③正七角形

Q38

三角形の底辺の長さはそのままで高さを4倍にすると面積はどうなる？

....

①4倍になる　　②6倍になる　　③8倍になる

Q39

三角形の底辺の長さと高さを4倍にすると面積はどうなる？

....

①9倍になる　　②12倍になる　　③16倍になる

Q40

円周率を3.14とすると，円周が整数になるのはどれ？

....

①直径10cmの円　　②直径15cmの円　　③直径50cmの円

Q41

五角形の内角の和は三角形の内角の和の何倍？

①4倍　　②3倍　　③2倍

答え　(36)②　(37)②　(38)①　(39)③　(40)③　(41)②

(36) 正四面体には4つの面があり，どれも合同な正三角形。
頂点は4，辺は6，面は4で，どれも正多面体のなかで最も少
ない。

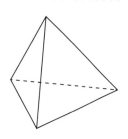

(37) 多くの蜂の巣は，上から見ると正六角形の小部屋を組み
合わせたように見える。雪の結晶や一般的なサッカーゴール
ネットも六角形。正五角形や正七角形では敷き詰められない。

(38) 三角形の面積は，底辺×高さ÷2だから，高さを2倍3倍4倍にすると，面積も
2倍3倍4倍になる。

(39) 三角形の面積は，底辺×高さ÷2だから，底辺と高さをそれぞれ2倍3倍4倍に
すると，面積は4倍9倍16倍になる。

(40) 円周が整数になるということは，直径×3.14が整数になるということ。3つの
中では，直径50cmの時だけ答えが整数になる。

(41) 五角形を対角線で三角形に分けると3つに分けられ
る。三角形の内角の和は180度だから，180度の3倍
で540度。

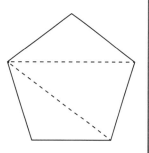

Q42

3.14で始まる円周率で，最初に登場するのが一番遅い数字は？

※本やインターネットを使って調べてみよう。

①0　　②6　　③7

Q43

5円玉の穴の直径と50円玉の穴の直径はどちらが長い？

①5円玉の直径が長い　　②50円玉の直径が長い　　③同じ

Q44

形と大きさが同じ台形2つを組み合わせた時に作れない形は？

①ひし型　　②平行四辺形　　③三角形

Q45

メモリのついていない定規とコンパスを使って，90度の角を二等分と三等分にできる？

①どちらもできる　　②二等分だけできる　　③三等分だけできる

答え　(42) ①　(43) ①　(44) ③　(45) ①

(42) 3.141592653589793238462643383327950……。 1から9は，小数点以下13桁目までに登場する。 0が初めて登場するのは小数点以下32桁目。

(43) 5円玉は黄銅製。直径 22mm，重さ 3.75g で穴は直径5mm。50 円玉は白銅製。直径 21mm，重さ 4.0g，穴は直径4mm。

(44) 形と大きさが同じ台形を2つ組み合わせると，平行四辺形・長方形・正方形・ひし形などはできるが三角形は作れない。

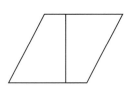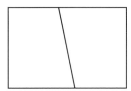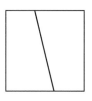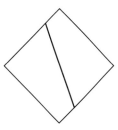

(45)

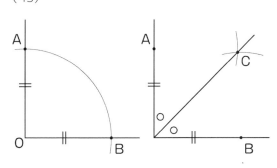

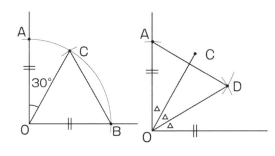

書いてDを見つける。

（二等分）

・O からコンパスを使って半円を書き等距離にあるAとBに印をつける。

・コンパスを使ってAとBから等距離にある C に印をつける。

・OとCを結ぶ直線を引くと直角を二等分する直線になる。

（三等分）

・O からコンパスを使って半円を書き等距離にあるA と B に印をつける。

・B から OB と同じ長さの半径で半円を書いた時にできる C と O と B を結ぶと正三角形ができる。

・同様に OA を一辺とする正三角形を書いてDを見つける。

・O と C，O と Dを結ぶ直線が，直角を30度ずつに三等分する直線。

Q42：「正多角形と円」の問題。円周率を印刷した資料を用意して見つけさせることもできます。

Q46

面積が12cm²の直角三角形。底辺が6cmだと高さは何cm？

① 2cm　　② 3cm　　③ 4cm

Q47

1□は1□□の1000倍。三つの□には同じアルファベットが入ります。□に入るアルファベットは？

① t　　② m　　③ k

Q48

法隆寺夢殿の屋根はどんな形をしているでしょうか。将棋の駒の形でも，蜂の巣の形でもありません。

① 五角形　　② 六角形　　③ 八角形

Q49

6月10日が時の記念日になったのは，天智天皇が日本で初めて時計を設置した日だからといわれています。一定のリズムを刻むことに適していたその時計の種類は？

① 油時計　　② 水時計　　③ 魚時計

Q50

水の量が一番多いおかゆは?

· ·

①五分<ruby>分<rt>ぶ</rt></ruby>がゆ　②七分<ruby>分<rt>ぶ</rt></ruby>がゆ　③全がゆ

Q51

21世紀はいつからいつまでですか?

· ·

①西暦<ruby>西暦<rt>せいれき</rt></ruby>1999年から西暦2099年まで

②西暦2000年から西暦2100年まで

③西暦2001年から西暦2100年まで

答え　(46) ③　(47) ②　(48) ③　(49) ②　(50) ①　(51) ③

· ·

(46) 三角形の面積を求める公式は,底辺×高さ÷2。

6×□÷2＝12だから6×□＝12×2,6×□＝24,□＝4。

(47) 1mは,100cm。1cmは10mmだから,1mは1000mm。1mは1mmの

1000倍になる。

(49) 水の流れ方が一定であることを利用した漏刻(ろうこく)と呼ばれる時計。天

智天皇10年(西暦671年)6月10日に本格的に運用されはじめた。

(50) 全がゆは,米1に対して水5の割合で炊いたおかゆ。五分がゆは,米1に対し

て水10の割合で炊いたおかゆ。米の割合が全かゆの半分だから五分がゆ。七分

がゆは,米1に対して水7の割合で炊いたおかゆ。全がゆ,七分がゆ,五分がゆと

米の割合が減る。

(51) 世紀は西暦を百年ごとに区切ったもの。2000年を1年目とすると2100年は

101年目になるから②は違う。西暦2001年1月1日午前0時から西暦2100年

12月31日の終わりまで。

Q52

ある品物Aの20%とBの25%が同じ時，元の値段(ねだん)はどちらが高い？

① A　　② B　　③ 同じ

Q53

この分数が意味する言葉は？

$$\frac{13}{26} \quad \frac{15}{26} \quad \frac{14}{26} \quad \frac{4}{26} \quad \frac{1}{26} \quad \frac{25}{26}$$

① Friday　　② August　　③ Monday

Q54

11×11は121，111×111は12321です。
111111111×111111111は？

① 12345678987654321
② 31132111231113211
③ 12121212121212121

Q55

12　16　31のなかで，約数が一番多いのは？

① 12　　② 16　　③ 31

Q56

地球から月まで新幹線の最高速度（時速 320km）で行けるとすると，かかる日数は？

・・・

①約5日　　②約50日　　③約500日

Q57

4と6の公倍数と全く同じ数が倍数になる数は何？

・・・

①6　　②12　　③24

答え　(52)①　(53)③　(54)①　(55)①　(56)②　(57)②

・・・

(52) Aが1000円だとすると20％は200円。Bの25％が200円だと，B×0.25＝200ということなので，Bは200÷0.25で800円になる。

(53) 分母の26はアルファベットの総数。分子はその何番目かを書いて表すルール。分子はAだと1，Bだと2，Zだと26になる。

(55) 12の約数は（1，2，3，4，6，12）の6こ。16の約数は（1，2，4，8，16）の5こ。31の約数は（1と31）の2こ。

(56) 地球から月までの距離約38万4400kmを，東北・秋田新幹線の「はやぶさ」「こまち」の最高速度320km/hで計算すると約50日。

(57) 4と6の公倍数は，12，24，36，48，60……。これは12の倍数と全く同じ。二つの数の公倍数は，最小公倍数の倍数。

Q56：「単位あたりの大きさ」の問題。予想させた後で距離を示して計算させます。

Q58

1から4までのすべての数で割り切れる最小の数は？

Q59

「最小公約数」と「最大公倍数」のうち, 普通は使わない言葉とその理由は？

Q60

漢字一字で書ける数字の中で最大の奇数は？

Q61

ある本のページは1ページから126ページまであります。 1から126までの数字を全部かけました。 答えは奇数ですか偶数ですか。

Q62

かけ算九九の答えに登場しない整数のうち最小の数は？

Q63

バーコードの最初の2文字は国を表しています。日本は何番？

Q64

一辺が12cmの正方形の横の長さを4cmのばして同じ面積の長方形にするとき縦の長さは何cm短くなる？

Q65

8段ある階段の登る前です。「3歩上がったら2歩下がる」というルールで階段を上るとき，一番上の段に行くまで，全部で何歩歩くでしょう？

Q66

一辺9cmの立方体の体積は，一辺が3cmの立方体の体積の何倍？

Q67

表面積が294cm² の立方体の体積は？

答え
(58)12　(59) 最小公約数。最小公約数は1と決まっているから。
(60)九　(61) 偶数　(62)11　(63)49と45　(64) 3cm　(65)36歩
(66) 27倍　(67) 343cm³

....

(58) 1から4まですべての数で割り切れる最小の数は，1から4の整数の最小公倍数。まず，3と4の最小公倍数を見つけると12。

(61) 掛け合わせる数に，偶数の数字が一つでも入っていると答えは偶数。

(64) 一辺が12cmの正方形の面積は144cm²。横の長さを4cm長くすると16cm。144÷16＝9。12－9＝3。

(65) 3段上がって2段降りるので，1段上がるために5歩歩く。7段目に着くまで35歩で，残り1段で8段に着くので36歩。

(66) 一辺9cmの立方体の体積は9×9×9＝729（cm³），一辺が3cmの立方体の体積は3×3×3＝27（cm³）。729÷27＝27

(67) 立方体の表面には合同な正方形が六つあるので，一つの正方形の面積は，294÷6で49（cm²）。一辺が7cmになるので，体積は7×7×7で343（cm³）。

Q68

同じ大きさの数がある数字を消すと残るのはどれ？

$$\frac{5}{2} \quad \frac{2}{2} \quad 0.4 \quad \frac{5}{10} \quad 0.6 \quad \frac{3}{1} \quad 2.5 \quad \frac{6}{2} \quad \frac{1}{5} \quad \frac{3}{5} \quad \frac{1}{2} \quad 0.2 \quad 1$$

Q69

同じ大きさの数が3つある数字を消すと残るのはどれ？

$$\frac{4}{4} \quad 1.6 \quad \frac{5}{5} \quad 3.6 \quad 1 \quad 1\frac{3}{5} \quad \frac{16}{5} \quad \frac{18}{5} \quad 3\frac{6}{10} \quad \frac{8}{5}$$

Q70

正方形の折り紙の対角線を折ってできる直角三角形があります。同じ大きさの折り紙を使って，この直角三角形と同じ面積の二等辺三角形を折りましょう。

Q71

次の折り紙を点線で切るとどんな形になりますか？

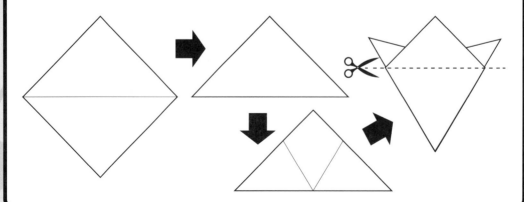

Q72

正方形の折り紙を折って，半分の面積の台形にしよう。

Q73

マッチ棒 3本で正三角形を作りました。マッチ棒を 3本加えて正六角形を作りましょう。

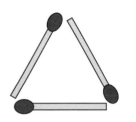

答え (68)0.4　(69)$\dfrac{16}{5}$　(70) 下図　(71) 六角形　(72)(73) 下図

・・

（70）
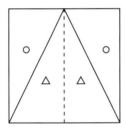

折り紙の面積
を半分にする
折り目をつけ
る。

折り目で折る
と半分の面積
になる。

（72）
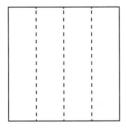

二回折って四等分の
折り目をつける。

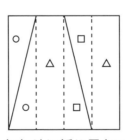

ななめに折り目をつ
ける。

台形が残るように折
ると正方形の半分。

（73）

Q74

折り紙で正三角形を折りましょう。

Q75

点Aを通り，正方形の面積を二分する直
線を引きましょう。

A

Q76

点Aを通り，正六角形の面積を二分する
直線を引きましょう。

A

Q77

円の直径を一辺とする三角形で，角
Xは何度？

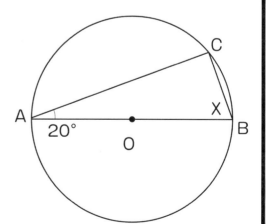

答え (74)(75)(76) 下図 (77) 70度

(74)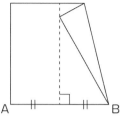

折り紙を二等分
した線に重なる
よう右上の頂点
を折る。

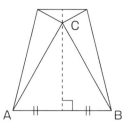

反対側も同様に
折ると, 正三角
形 ABC が で き
る。

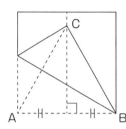

(他のやり方)
頂点 A を二等分の
折り目に重なる様に
折ると正三角形の頂
点 C が見つかる。

(75) 正方形の中心の点を通る直線は, 正方形の面積を等しく
　　2つにわける。

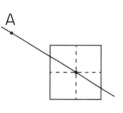

(76) 正六角形の中心を通る直線は正六角形の面積を等しく2
　　つに分ける。

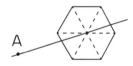

(77) ＯＣに補助線を引くと, 三角形ＡＯＣは
　　二等辺三角形なので, 三つの角は２０度・２０
　　度・１４０度。もう一つの三角形も二等辺三角
　　形。角ＢＯＣは１８０－１４０で４０度。１８０
　　－４０は１４０度なので2で割ると７０度。

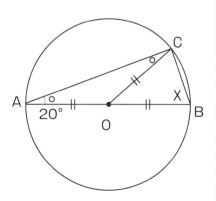

次の直角三角形の線ＡＣは何 cm ？

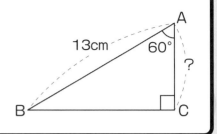

1 ～ 16 の数字を1回ずつ使って,「縦（たて）」に並（なら）ぶ4個の数字の合計,「横」に並ぶ4個の数字の合計,「ななめ」に並ぶ4個の数字の合計が, どれも３４になるように, 空らんをうめましょう。

	8	9	
5		12	16
11		6	
	10		13

縦横1cm 間かくで点が打たれています。図の三角形の面積は？

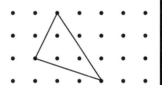

次の図は，一辺1cm の積み木を，正面，真上，左横から見た図です。全部で積み木の数はいくつですか。

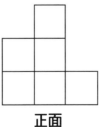

正面

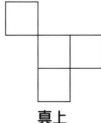

真上

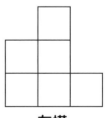

左横

答え (78)6.5cm (79) 下図 (80)3.5cm^2 (81) 7こ

（78）ＡＣをＡＣと同じ長さ分だけ延ばし点Dとする。

三角形ＡＢＤはどの角度も60度になるので正三角

形。辺ＡＢが13cmだから辺ＡＤも13cm。辺ＡＣは

13÷2で6.5cm。

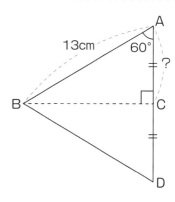

（79）

4×4の魔方陣にはいろいろな

鉄則がある。グレーの部分の合計はそれぞれ34になる。

（80）正方形のなかの三角形と考えて，正方形の面積から

三つの三角形A，B，Cの面積を引いて答えを出す。正

方形の面積3×3＝9。Aの三角形の面積2×1÷2＝1。

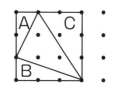

Bの三角形の面積3×1÷2＝1.5。Cの三角形の面積3×2÷2＝3。

よって，9－（1＋1.5＋3）＝3.5で，3.5cm^2。

（81）真上から見た図を使って考えるとわかりやすい。後ろの列と

前の列は積み木があるのは1カ所だけ。左横から見たとき，後

ろの列の高さが2なのでAは2。左横から見たとき，前の列の

高さが1なのでDは1。正面から見たとき，中央列の高さは3。

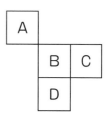

Dは高さが1なので，Bが3になる。正面から見たとき，右列の高さは1で，右列

に積み木があるのは中央列だけなので，Cは1。

よって，A＋B＋C＋D＝2＋3＋1＋1＝7で，7こ。

Q82

カベに直径15cm の丸い穴があいています。壁の向こうの友だちにこの穴を使って直径約21cm のドッジボールをわたしたいのですが，どうしたらいいでしょうか。

Q83

1400円のスイカと1600円のスイカを売っている八百屋さんがあります。あこさんが「スイカをください」と言って2000円を出すと，八百屋さんは，1600円のスイカを渡しました。

次にりこさんが「スイカをください」と言って2000円を出すと，八百屋さんは「1400円のスイカですか，1600円のスイカですか」と聞きました。どうしてあこさんには聞かずにりこさんには聞いたのでしょうか。

Q84

算数学習でよく使う「はかる」には3種類の漢字があります。次の文を読んで，正しい使い方には○，間ちがった使い方には×をしましょう。

①体重を測る。（　　）

②学校までの距離を計る。（　　）

③50メートル走のタイムを計る。（　　）

④池の深さを測った。（　　）

⑤目的地までの時間を測る。（　　）

⑥郵便物の重さを量る。（　　）

ゆかりさん，一郎さん，リーさん，幸子さんの4人が総当たりでジャンケンをしました。引き分けはないルールです。ゆかりさんは2勝1敗，一郎さんは1勝2敗，リーさんは1勝2敗でした。

①幸子さんは何勝何敗だったでしょうか。

②ゆかりさんは幸子さんに勝ちました。幸子さんと一郎さんはどちらが勝ったでしょうか。

答え (82) ドッジボールの空気を抜く　(83) 下記　(84) ①×　②×　③○
④○　⑤×　⑥○　(85) ①2勝1敗　②幸子さん

(83) あこさんは，千円札1枚と五百円玉2個または五百円玉4個を出したから1600円のスイカとわかった。1400円のスイカだと千円札1枚と500円玉1個または五百円玉3個を出せばいいからです。りこさんは，千円札2枚か二千円札1枚を出したから，八百屋さんはどちらのスイカかわからなかった。

(84) ①量る　②測る　⑤計る

「計る」は，主に時間を調べるときに使います。

「測る」は，主に長さ・高さ・深さ・広さ・早さ・体のサイズなどを調べるときに使います。

「量る」は，主に重さ・容積を調べるときに使います。

(85) ①4人の総当たりで引き分けがないから試合は全部で6回。全員の勝ちの合計は6，負けの合計も6。ゆかりさんと一郎さんとリーさん3人の勝ち負けの合計は4勝5敗だから，幸子さんは2勝1敗。

②幸子さんの1敗は相手がゆかりさんだから，残りの2回は勝っている。

	ゆ	一	リ	幸
ゆ		?	?	○
一	?		?	×
リ	?	?		×
幸	×	○	○	

Q86

電卓に「１２３４５６７８」と打ち込みます。打ち込んだ後で画面を全員に見せます。次に，えいっと電卓を人差し指で押すとあら不思議「１１１１１１１１」になりました。この謎，解けるかな？

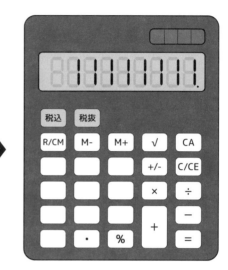

Q87

ある本のページ番号を合計すると３６５５ページです。この本は何ページまであるでしょうか。

Q88

スイカ１個の重さは，１kg にスイカの重さの半分を足したものと同じです。このスイカの重さは何 kg でしょうか。

Q89

３リットル入りの容器が１個，５リットル入りの容器が１個あります。水はいくらでも使えます。４リットルの水を容器にためることはできますか。容器にメモリはついていません。他の道具は使えません。

答え (86) 下記　(87)85ページ　(88) 2kg　(89) できる

(86) 事前に「23456789−」と打ち込んでおくと「12345678」と入力し「=」を押すと「11111111」になります。

(87) 例えば10ページの本だとします。1に10，2に9，3に8……10に1と組み合わせてそれぞれを足すと11が10個になり，合計は11×10で110になります。これはページ数の2倍なので2で割ると110÷2で55になります。ある本のページ数を□とすると，同じように1と最後のページ数を足した（1+□）を最後のページ数□にかけて2で割るとページ数の合計になります。この問題の場合は，（1+□）×□÷2＝3655になります。右辺と左辺に2をかけると（1+□）×□＝7310。大体のページ数を予想して計算してみます。電卓を使うと簡単です。いろいろ試すと，□が85の時に7310になるので答えは85ページになります。

(88) 同じ重さのスイカ2個で考えてみると，

スイカ2個の重さ＝2kg +スイカの重さ

となるので，スイカ1個の重さは2kgとすぐわかります。

(89)〈方法①〉3リットル容器を水で満たし，5リットル容器に全部移します。空になった3リットル容器を水で満たして，5リットル容器がいっぱいになるまで移します。5リットル容器の水を全部出して空にします。空になった5リットル容器に，3リットル容器に残っている1リットルの水を移します。空になった3リットル容器を水で満たして，5リットル容器に移すと水は4リットルになります。

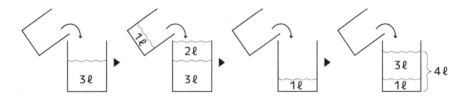

〈方法②〉5リットル容器を水で満たし，3リットル容器がいっぱいになるまで移します。3リットル容器の水を全部出して空にし，5リットル容器の残りの2リットルの水を移します。空になった5リットル容器を水で満たしてから，それを3リットル容器がいっぱいになるまで1リットルの水を移すと，5リットル容器の水は4リットルになります。

Q87: 例えば10ページの本だとどうかな？　と数字を小さくして考える方法に気づかせます。

1〜9の数字を1回ずつ使って，計算を成立させよう。答えは複数あります。答えが一番大きくなる計算も探^{さが}してみよう！

$$+ \begin{array}{|c|c|c|} \hline & & \\ \hline & & \\ \hline \end{array}$$

1〜9の数字を1回ずつ使って，計算を成立させよう。

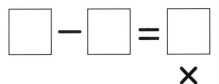
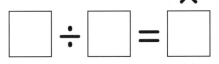

1〜9の数字を1回ずつ使って，計算を成立させよう。

3 3 3 3 3

Q93

1から9の数字を1回ずつ使って左の分数と同じ大きさの分数にしましょう。答えは複数あります。

例 $\dfrac{1}{2} = \dfrac{6729}{13458}$

① $\dfrac{1}{2} = \dfrac{}{}$ ② $\dfrac{1}{3} = \dfrac{}{}$ ③ $\dfrac{1}{4} = \dfrac{}{}$

④ $\dfrac{1}{5} = \dfrac{}{}$ ⑤ $\dfrac{1}{6} = \dfrac{}{}$ ⑥ $\dfrac{1}{7} = \dfrac{}{}$

⑦ $\dfrac{1}{8} = \dfrac{}{}$ ⑧ $\dfrac{1}{9} = \dfrac{}{}$

答え　(90)618 ＋ 327 ＝ 945　＊ 246 ＋ 735 ＝ 981 が一番大きい答え

(91) 下図　(92)41268 － 7935　(93) 下図

・・

(91)

$$\boxed{9} - \boxed{5} = \boxed{4}$$
$$\boxed{6} \div \boxed{3} = \boxed{2} \quad {}^{\times}$$
$$\boxed{1} + \boxed{7} = \boxed{8}$$

(93) ＊答えはいくつもあります。

① $\dfrac{1}{2} = \dfrac{7293}{14586}$ ② $\dfrac{1}{3} = \dfrac{5823}{17469}$ ③ $\dfrac{1}{4} = \dfrac{5796}{23184}$

④ $\dfrac{1}{5} = \dfrac{9723}{48615}$ ⑤ $\dfrac{1}{6} = \dfrac{4653}{27918}$ ⑥ $\dfrac{1}{7} = \dfrac{2394}{16758}$

⑦ $\dfrac{1}{8} = \dfrac{8419}{67352}$ ⑧ $\dfrac{1}{9} = \dfrac{6381}{57429}$

こたえ

対角線の長さが２０cm の正方形を書くと，面積は４００cm^2 になる。正方形はひし形でもある。ひし形の面積は，対角線の長さ×対角線の長さ÷２だから，２０cm×２０cm÷２で２００cm^2 になる。

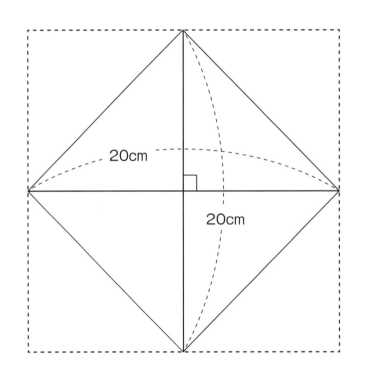

6年

写真と同じように紙を折ってみよう。

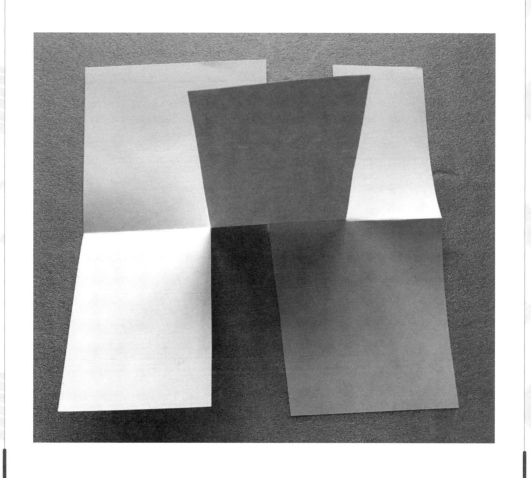

▶こたえは，86 ページにあります。

Q94

時間を表す「秒」を英語では何という?

①ファースト　　②セカンド　　③サード

Q95

逆数の関係になっている組み合わせはどれ?

①0.4と$\dfrac{5}{2}$　　②0.1と$\dfrac{1}{10}$　　③1.5と$\dfrac{3}{2}$

Q96

逆数が整数になるのは?

①0.5　　②0.8　　③0.9

Q97

現在の日本の暦に実際にないのはどれ?

①うるう秒　　②うるう月　　③うるう年

Q98

「まわり道をしないでまっすぐにむすぶ道」を意味する漢字は?

①径　　②方　　③曲

1000mの道に5mおきに木を植えます。両端（りょうたん）にも植えると木は全部で何本必要？ （木の太さは考えないこととします）

① 199　　② 200　　③ 201

答え　（94）②　（95）①　（96）①　（97）②　（98）①　（99）③

- -

（94）「分（ミニット）」の次の単位だから，2番目の意味がある「セカンド（second）」が使われる。

（95）2つの数の積が1になるとき，一方の数をもう一方の数の逆数という。

$$0.4 \times \frac{5}{2} = \frac{4}{10} \times \frac{5}{2} = \frac{20}{20} = 1$$

（96）0.5 は $\frac{5}{10}$ で約分すると $\frac{1}{2}$ ，逆数は2。整数になる。

（97）実際の地球の公転周期が1年365日より少し長いことから生まれるズレを，「うるう日」で調節するのがうるう年で4年に一度やってくる。地球の自転によって決まる時刻と原子時計によって決まる時刻のずれが大きくなったとき，時刻のずれを修正するために実施するのが「うるう秒」。1972年に初めてうるう秒による調整が行われて以来，2014年までに25回のうるう秒が実施された。

「うるう月」は，太陽ではなく月の満ち欠けを1カ月とする太陰暦を使っていた明治時代の初期まであったもの。太陰暦は太陽暦に比べ，1年につき約11日短く3年で1カ月もずれてしまうので，うるう月を作って暦を合わせていた。

（98）「直径」「半径」で使う径。直径の意味は，円の中心を通り両端が円周上にある線分。

（99）5mの道だと2本，10mの道だと3本必要。道の長さを5で割って1を足すと木の本数。1000mだから1000÷5＋1で201本必要。

Q100

消費税10％をふくめて176円はらうと，この商品の消費税分は？

①2円　　②12円　　③16円

Q101

□石□鳥　　□人□色　　□日坊主　　□に入る数を合計すると？

①26　　②27　　③28

Q102

数字だけの熟語「三三五五」の意味は？

①仲の悪いグループ　　②少人数で行動する　　③縁起がいい

Q103

ハンカチの多くが正方形になっていることと関係があると言われている歴史上の人物は？

①楊貴妃　　②マリー・アントワネット　　③ナポレオン

Q104

国際連合に加盟している国の中で，国旗が四角形ではない国は？

①トルコ共和国　　②ネパール　　③アメリカ合衆国

Q105

国際連合に加盟している国の中で，国旗が正方形の国は？

①ベトナム社会主義共和国　②オーストラリア連邦

③スイス連邦

Q106

地上デジタル放送の縦と横の画面サイズで正しいのは？

①9：16　②3：4　③1：2

答え　(100) ③　(101) ①　(102) ②　(103) ②　(104) ②　(105) ③　(106) ①

・・

(100) 本体価格の1.1倍が176円だから，本体価格は176円÷1.1で160円。消費税は176円−160円で16円。

(101) 「一石二鳥」「十人十色」「三日坊主」。一と二と十と十と三をたすと26。

(102) 三人五人と少人数で行動するという意味。

(103) 卵形，円，三角形などいろいろな形をしていたハンカチを，フランスのルイ16世の王妃マリー・アントワネットが正方形に統一するよう命令したと言われている。

(104) 国際連合加盟193ヵ国中，四角形でないのはネパールだけ。三角形の旗を二つ組み合わせた形。

(105) 国際連合加盟193ヵ国中，正方形の国旗はスイス連邦だけ。

(106) 以前使われていたアナログ放送の画面は，3：4で地上デジタル放送になって9：16に変わった。横長の画面の方が，人間の見える範囲に合っていて見やすいとされている。

Q106：「比とその利用」の問題。教室のテレビで確認しておくと説明に使えます。

Q107

三人が三種類の楽器で演奏するのはどれ？

①ソロ　　②トリオ　　③デュエット

Q108

ことわざ「□を聞いて□を知る」の□にあてはまる数字は？

①九と十　　②五と十　　③一と十

Q109

面積のちがう正方形に同じ色を同じこさでぬると色の見え方はどうなる？

①広い方がうすく見える　　②せまい方がうすく見える
③変わらない

Q110

満月から新月になるまでにかかる日数は約何日？

①約8日　　②約15日　　③約30日

Q111

4月と必ず同じ曜日で始まる月は何月？

①5月　　②7月　　③11月

Q112

道のりと距離，ふつうはどちらが長い？

① 道のり　　② 距離　　③ 同じ

6年　3たくクイズ

Q113

次のなかで一番小さいボールは？

① 卓球のボール　　② テニスボール　　③ ゴルフボール

答え　(107) ②　(108) ③　(109) ①　(110) ②　(111) ②　(112) ①　(113) ①

・・

(107) ソロは一人。二人以上の人が，同じ曲の別パートを演奏するのが重奏。トリオは三重奏で，ヴァイオリン，チェロ，ピアノのピアノ三重奏などがある。

(108) 「一を聞いて十を知る」は，一つ聞いたら全部がわかるという意味。似たことわざに，判断力が優れ物事に素早く反応できるという意味の「目から鼻へ抜ける」がある。

(109) 色のこさは同じでも，人の目には広い面積にぬられた方がうすく感じられる。

(110) 新月は月が見えない状態。新月から満月までは約15日。満月から新月になってまた満月になるまでは，平均して約30日日。

(111) 4月が30日，5月が31日，6月が30日。合計91日で7で割りきれるから7月1日は4月1日と必ず同じ曜日になる。

(112) ある場所からある場所まで直線で結んだ長さが距離，一番の近道の長さが道のり。壁も川も関係なく測った距離の方が道のりより短い。

(113) 卓球のボールは直径40 mm。テニスボールは直径65 mm前後。ゴルフボールは直径約42.67mm以上。三つのなかで一番小さいのは卓球のボール。

Q114

1，3，5，7と奇数を並べていくと25番目の奇数は？

①45 　　②47 　　③49

Q115

カルテット，デュエット，トリオ。全部で何人？

①8人 　　②9人 　　③10人

Q116

七夕の星として知られる，織姫と彦星の距離は光の速さでどれぐらい？

①1週間 　　②5年 　　③15年

Q117

AとBの和は34で差は14。AがBより大きいときAの数は？

①20 　　②24 　　③28

Q118

太平洋の表面積は，地球の表面の何分の1？

①5分の1 　　②4分の1 　　③3分の1

Q119

えんぴつの本数を表す時などに使う1ダースはいくつのこと？

①10　　②12　　③16

Q120

面積が314cm² の円の直径は？

①10cm　　②20cm　　③3.14cm

答え　(114) ③　(115) ②　(116) ③　(117) ②　(118) ③　(119) ②
(120) ②

• •

(114) 2番目の奇数は3，3番目の奇数は5，4番目の奇数は7。○番目の○を2倍して1を引くと求められる。25番目の奇数だから25×2で50，1を引いた49。

(115) カルテットは4人，デュエットは2人，トリオは3人。全部で9人。1人はソロ，5人はクインテッド。

(116) 光が一秒に進む距離は光速と呼ばれて地球7周半分。織姫と彦星の距離は，その速さで15年。

(117) 二つの数の和と差を足して二で割ると二つのうち大きい数になる。(34 + 14) ÷2だからAは24。Bは10。

(118) 太平洋は，大西洋，インド洋とともに三大洋の一つ。太平洋はとても広くて日本の500倍近い面積があり，地球の陸地の総面積より広い。

(119) ラテン語の読み方が語源で，ダースは12を意味する。2ダースだと24，3ダースだと36。半ダースだと6。

(120) 円の面積は半径×半径× 3.14。面積が314cm² ということは，半径×半径が100だから，半径は10cm。直径は20cm。

Q117：A が20でBが14の時の差は6のように仮の数字を用いて考えていく方法に気づかせます。　　49

Q121

ジョン・ケージの作曲した「4分33秒」という作品が有名な理由は？

①時計の音だけの作品だった　　②音のない作品だった

③口笛だけの作品だった

Q122

砂時計3分用と砂時計5分用で1分と2分を計ることができる？

①どちらともできる　　②2分だけできる

③どちらもできない

Q123

坪は土地の広さを表す日本で生まれた単位。1坪は約何 m² ？

①約1.6m²　　②約3.3m²　　③約9.9m²

Q124

100チームがトーナメントで優勝を争う大会の総試合数は？

①49　　②99　　③100

Q125

2×2×2というように2を80回かけたとき，答えの一の位の数は？

①4　　②8　　③6

1から99までの整数を全部かけたとき，答えの一万の位の数は？

①0　　②1　　③9

6年

3たくクイズ

答え　(121) ②　(122) ①　(123) ②　(124) ②　(125) ③　(126) ①

（121）アメリカの作曲家ジョン・ケージの作品『４分３３秒』は何も演奏しない音の
　　　ない音楽。演奏はないが会場内外の風の音や人の立てる音が聞こえてくる。

（122）同時にひっくり返してスタート。３分用が先に終わるとすぐにまたひっくり返
　　　す。５分用が終わってから，３分用の二度目が終わるまでが1分。同時にひっくり
　　　返してスタート。３分用が終わってから5分用が終わるまでが2分。

（123）一坪は，一辺が一間（約1.8m）の正方形の面積で約3.3m²。三坪で約10
　　　m²。土地や家の広さを表す単位として今もよく使われている。

（124）1試合で1チームが負ける。優勝が決まるまで99のチームが負けることにな
　　　るから，全部で99の試合をすることになる。

（125）2に2をかけていくと，2，4，8，16，32，64，128，256……。答えの一
　　　の位の数は，2，4，8，6の四つの数を順に繰り返す。80を4でわると20。20は
　　　4で割りきれるから一の位は6。

（126）1から99のなかにある，10と20と30と40と50と60と70と80と90
　　　をかけると，少なくとも一億の位まで0になる。残った数字をかけても一億までの
　　　数字は変わらないから答えは0。

Q127

10円玉を別の10円玉の円周にそって一周させると，もとの位置にもどるまでに何回転する？

①1回転　　②2回転　　③4回転

Q128

星座は全部でいくつある？

①68　　②88　　③108

Q129

0, 1, 2, 3, 4, 5, 6, 7, 8, 9の数字はもともとどこで発明されたもの？

①インド　　②アラビア　　③ローマ

Q130

ハーフマラソンでは何km走る？

①50km　　②21.0975km　　③18km

Q131

雪の結晶を虫眼鏡などで観察すると，どんな形をしている？

①三角形　　②六角形　　③八角形

今，地球の周りを飛んでいる人工衛星の数に一番近いのは？

①30　　②300　　③3000

答え　(127) ②　(128) ②　(129) ①　(130) ②　(131) ②　(132) ③

(127) 滑らないように上手に一周させると2回転する。

(128) 1928年に国際天文学連合が星座の数を88と決めた。日本から全く見えないのは，カメレオン座，テーブルさん座，はちぶんぎ座，ふうちょう座の4つ。

(129) インドで発明されたが，アラビアで発達しヨーロッパに伝わったことから，0, 1, 2, 3, 4, 5, 6, 7, 8, 9の数字はアラビア数字と呼ばれている。

(130) マラソンの距離42.195kmを2で割った21.0975kmを走るのがハーフマラソン。

(131) 雪を虫眼鏡や顕微鏡で観察すると，結晶とよばれる形が見える。雪の結晶の模様はいろいろあるが，必ず六角形の形をしている。

(132) 地球の周りを回っていて，目的がはっきりしている人工天体が人工衛星。人工衛星の破片や使用済みロケットなどは宇宙ゴミとよばれていて人工衛星には数えない。

Q133

30V型テレビの30は，画面のどこの長さを表している数字？

①画面の縦(たて)　②画面の横　③画面の対角線

Q134

ソフトボールのボール，1号球から3号球で一番大きいのは？

①1号級　②2号球　③3号球

Q135

□に入る漢数字が，一番大きいのは？

①□季　②□両役者　③□合（白や黄色の花）

Q136

1階から3階まで8秒かかるエレベーターで，1階から6階は何秒かかる？

①16秒　②18秒　③20秒

Q137

6けたの数字57□124が9で割(わ)り切れるとき，□に入る数は？

①7　②8　③9

天気予報で時間帯を表す「未明」は，午前何時から何時？

①0時から3時　　②2時から5時　　③3時から6時

答え　(133) ③　(134) ③　(135) ②　(136) ③　(137) ②　(138) ①

(133) 30V型テレビは，実際に映像が映る範囲の対角線の長さが30インチ（約76.2cm）という意味で，Vはビジュアルサイズ（Visual Size）の略。1インチは大人の手の親指幅ぐらいで2.54cm。テレビのサイズを「30インチ」と書いてある場合は，テレビのフレームを含む対角線の長さを表している。

(134) 1号球は，小学生低学年用で周囲は26.7cm。体力テストで使うボール。2号球は小学生用で周囲は28.6cm。3号球は中学生以上の一般用で周囲が30.5cm。

(135) □季は，春夏秋冬の四季または，特定の時期を指す一季。千両役者は，人気役者や技量にすぐれすばらしい活躍をする魅力的な人のこと。百合は，花のゆり。

(136) 1階から3階まで2階分上がるのに8秒だから，1階分上がるのに4秒かかる。1階から6階だと5階分上がることになるから4×5で20秒かかる。

(137) それぞれの位の数の和が9の倍数になると，9で割り切ることができる。5＋7＋1＋2＋4の和は19。□が8だと和が27になって9の倍数になる。

(138) 気象庁は，午前0時から午前3時を「未明」，午前3時から午前6時を「明け方」，午前6時から午前9時を「朝」と表現している。

Q139

理科の実験で使うメスシリンダーの「シリンダー」の意味は？

①円筒，円柱　　②定規　　③計算

Q140

直径20cmの円と半径20cmの半円ではどちらの面積が広い？

①直径20cmの円　　②半径20cmの半円　　③同じ

Q141

「Yes, I know a number」は，ある形と関係がある言葉です。
その形は何？

①台形　　②長方形　　③円

Q142

太陽の光が地球に届くまでにかかる時間はどれぐらい？

①25秒　　②8分　　③35分

Q143

新聞記事の書き方は図形の名前でよく表現されます。その図形は？

①直角二等辺三角形　　②逆三角形　　③平行四辺形

「7日以降（いこう）」と書いてある場合，何日から後のこと？

①6日から　　②7日から　　③8日から

答え　(139)①　(140)②　(141)③　(142)②　(143)②　(144)②

(139) もともとはドイツ語。メスは「測定のための」という意味。シリンダーは円筒，円柱という意味なので，メスシリンダーは「測定のための円筒」。おおよそのかさを測定するときに使う道具。

(140) 円の面積を求める公式は，半径×半径×3.14。直径20cmの円の面積は10×10×3.14で314cm²，半径20cmの半円は20×20×3.14÷2で628cm²

(141) Yesから順に，各単語のアルファベットの数を並べると「31416」。Yesの後の「,」を小数点にすると，円周率の小数第5位を四捨五入した数になる。英語圏で円周率を覚える方法の一つ。

(142) 太陽の光は，1億4960万km離れている地球まで約8分19秒かけて届く。光の速さは，秒速約30万Kmで，1秒で地球を7周半すると言われている。

(143) 結論が最後にくる一般の文と違い，新聞記事では，結論を見出しで書いてリード文から本文へと詳しく書いていくことが基本で，逆三角形型と呼ばれている。

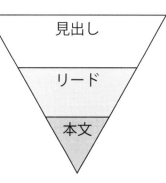

見出し	何の記事か分かる短い言葉
リード	記事の内容をまとめた短文
本文	記事の詳しい内容

(144) 「7以上」「7以下」のように「以」があるとその数字も入る。「7日以降」の場合も，「以」があるから7日から。

Q144：事前に使用例を実物や写真で用意して例として見せるのもいいですね。

Q145

トライアスロンの元々の意味は？

①無数のカベ　　②100km　　③3つの競技

Q146

1から9の数字を1回ずつ入れて，縦横ななめのどの三つの数字を足しても同じ答えになる魔方陣を作る時，真ん中に入るのは？

①5　　②5か6　　③3か4か6

Q147

男子の一流選手が「サブテン」を目指すスポーツとは？

①重量挙げ　　②100メートル走　　③フルマラソン

Q148

重さの単位「トン」は何から生まれた？

①たる　　②レンガ　　③馬

Q149

東京スカイツリーの高さは何を参考にして決められた？

①昔の国名　　②歴史上の人物名　　③星座の名前

Q150

3月14日は，ある図形に関係のある記念日。その図形とは？

①台形　　②三角形　　③円

Q151

5けたの数，３７２１□が４で割り切れる時，□に入る数は？

①0と9　　②2と6　　③4と8

答え　　(145) ③　(146) ①　(147) ③　(148) ①　(149) ①　(150) ③
(151) ②

· ·

(145) もともとはラテン語。「トライ」は3，「アスロン」は競技の意味。3つの競技
は，水泳（スイム），自転車ロードレース（バイク），長距離走（ラン）。

(146) 縦3列横3列の魔方陣はどう書いても必ず真ん中は5
になる。

6	1	8
7	5	3
2	9	4

(147) 「サブテン」は，フルマラソンを2時間10分以内で走
ること。2時間10分以内で走った経験がある選手も「サブ
テン」と呼ばれる。英語で sub は「〜より下」という意味。

(148) もともと船の大きさを表す単位で，酒樽1個にワインを詰めた時の重さから
生まれた。樽をたたいたときの「トン」が単位名になったという説がある。

(149) 東京スカイツリーの高さは634ｍで世界一高い自立式電波塔。634は，昔
の国名のひとつで，東京・埼玉など広い範囲を指す武蔵国に合わせた数字。

(150) 3月14日は，円周を直径で割った数字である，円周率（約3.14）の
日。物理学者アインシュタインの誕生日で日本では数学の日でもある。

(151) 下二桁の数字が4で割り切れる整数は，百の位から上の位の数字に関係なく
4で割り切れる。十の位が1だから，下二桁が12と16だと4で割り切れる。

Q152

国旗の国連基準サイズでは，縦と横の割合はどう決められている？

①1対2　　②2対3　　③3対4

Q153

長方形の縦を2倍にし，横を半分にすると面積はどうなる？

①広くなる　　②変わらない　　③せまくなる

Q154

面積25cm^{2}の正方形があります。この正方形の二倍の拡大図の面積は？

①50cm^2　　②75cm^2　　③100cm^2

Q155

厚さ1mmの紙を何回折りたたむと50cm以上の厚さになる？

①5回　　②9回　　③10回

Q156

江戸時代に使われていた時刻の単位「一刻」の説明で正しいのは？

①一刻は2時間　　②一日は10刻

③一刻の長さは一定ではなかった

答え （152）② （153）② （154）③ （155）② （156）③

・・・

（152）市販されている国旗は，国連基準サイズに合わせて縦と横の割合が2対3に
そろえてあることが多い。

（153）縦の長さが2倍，横の長さが0.5倍になるから，2×0.5＝1で面積は変わら
ない。たとえば，縦20cm 横10cmの長方形は面積が200cm²。その縦の長さ
を2倍の40cm，横の長さを半分の5cmにすると面積は200cm² となり変わら
ない。

（154）図形のすべての部分の長さを同
じ割合でのばした図が拡大図。面積
25cm² の正方形を二倍の拡大図に
すると図のように面積は四倍の100
cm² になる。

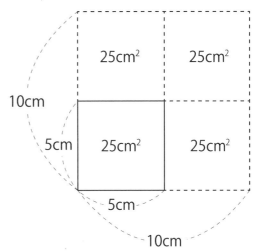

（155）50cmは500mm。1mmの紙
を折っていくと，2mm，4mm，8
mm，16mm，32mm，64mm，
128mm，256mm，512mmとな
るから9回目。

（156）日の出から日の入りまで，日の入りから日の出までをそれぞれ六刻としていた
ので，一刻の長さは一定ではなかった。昼が長い時は，昼の一刻が夜の一刻より
長く，夜が長い時は夜の一刻が昼の一刻より長かった。

Q154：「拡大図」の問題。図で考える習慣を身につけさせます。

Q157

円すいのことを英語で何という?

①バター ②ゴーヤー ③コーン

Q158

降水確率の説明で正しいのは?

①降水確率 30%とは，30%という予報が 100 回発表されたとき，その内のおよそ 30 回は 1mm 以上の降水があるという意味。

②降水確率 100%とは，予報の期間内に最低でも 1mm の降水があるという意味。

③降水確率 10%とは，10%という予報が 100 回発表されたとき，その時間の 10 分の 1 以上の時間に 1mm 以上の降水があるという意味。

Q159

正子（しょうし）とは何時のこと?

①午前0時 ②午後0時 ③午前6時

Q160

1マイクロメートルの長さは?

①1メートルの100万倍の長さ

②1メートルの100万分の1の長さ

③1メートルの別のいい方

Q161

土俵の仕切り線の長さは？

①80cm　　②90cm　　③100cm

Q162

マグニチュードは，地震そのものの大きさ（エネルギー）を表す数字。マグニチュード8クラスの地震は，マグニチュード6クラスの地震の何倍のエネルギーがある？

①2倍　　②200倍　　③1000倍

答え　(157) ③　(158) ①　(159) ①　(160) ②　(161) ②　(162) ③

(157) 底面が円で錐状にとがった立体が円錐。体育の授業や，交通安全教室などでよく使われる円錐の形をした道具はコーンと呼ばれている。

(159) 正子は午前0時のこと。太陽が地平線下の子午線を通過する時刻。十二支の子（ね）の刻。真夜中ともいう。正午の反対になる。

(160) マイクロは，100万分の1を表す言葉。

(161) 土俵の中央に南北に2本の仕切り線がある。これは長さ90cm，幅6cmで，2本の間隔は70cm。

(162) マグニチュードは1大きくなると約32倍大きくなる。2大きくなると，32×32で1024倍になる。

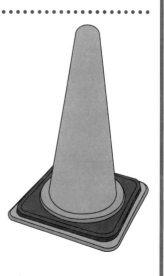

Q163

宝石 1カラットの重さは？
ほうせき

①0．2グラム　　②1グラム　　③2．3グラム

Q164

時計の頂点が0ではなく12なのはどうして？
ちょうてん

①時計が初めて作られたとき0という数字がなかったから

②12の方がバランスがよかったから

③12月生まれの人が作ったから

Q165

みんな大好きなおやつという名前の由来は？

①江戸時代は食事の間に小さなお菓子を「八つ」食べていたから
えど　　　　　　　　　　　　　　かし

②昔の時刻で「八つ」のころに食べていたから
じこく

③昔江戸に有名なお菓子屋さんが八けんあったから

Q166

1111×□□□□＝1234321のとき□□□□に入る数は？

①1234　　②1004　　③1111

Q167

次の中で和（足し算の答え）を意味する英語は？

① sum　　② Sun　　③ Seven

Q168

時計が右回りなのはどうして？

①日時計がつくられた場所で影(かげ)が右回りだったから

②右ききの人が多かったから

③南向きの家に住んでいた人が最初に創ったから

Q169

「甃屈跊列」は，ある単位を漢字で書いたものです。どの単位でしょうか。

① m² 　　② a 　　③ ha

答え 　(163) ① 　(164) ① 　(165) ② 　(166) ③ 　(167) ① 　(168) ① 　(169) ③

･･

(163) カラットは宝石の重さを表す単位。

(165) 江戸時代には，午後2時～4時ごろを「八刻(やつどき)」と呼んで，そのころに食べる「おやつ」を「御八つ」と呼んでいたから。

(166) 1111×1111＝1234321，11111×11111＝123454321になる。

(167) Sun は太陽，Seven は数字の7。計算ソフトで「sum」は合計する意味で使われている。

(168) 日時計が創られたのがエジプトで，地面に棒を立てて影で時刻を表すと右回りに動いたから。

(169) m² は平方米・平米(へいべい)，a は亜のように書くことがあります。長さでは mm は「粍」と書く。

Q163：実物を紹介するなら，比較的安価なアメジストなどの宝石もあります。

Q170

気温（摂氏温度）についての説明で正しいのは？

①1600万度より高くなることはない

②0度で濡らしたタオルを振るとすぐにこおる

③マイナス273.15度より低くなることはない

Q171

一般的に使われている名刺の縦と横の比は？

①1対1.35　　②1対1.65　　③1対2

Q172

一般的に使われているクレジットカードの縦と横の比は？

①1対1.35　　②1対1.58　　③1対2

Q173

人間が最も美しいと感じる比率といわれている黄金比に近いのは？

①1：1.6　　②1：1.7　　③1：1.8

Q174

Ａ４用紙の短い辺と長い辺の比は？

①1対1.414　　②1対1.828　　③1対2

Q175

一億×一億は？

①一兆　②一京（けい）　③一垓（がい）

6年

3たくクイズ

Q176

五角形と六角形の外角の和は？

①六角形の外角の和は五角形の外角の和より90度多い

②六角形の外角の和と五角形の外角の和は同じ

③六角形の外角の和は五角形の外角の和より90度少ない

答え　(170) ③　(171) ②　(172) ②　(173) ①　(174) ①　(175) ②
(176) ②

・・・

（170）マイナス273.15度は絶対零度と呼ばれ，物体の温度はこれより下がることはない。1600万度は太陽の中心部の温度。高温には限界がないと言われている。

（173）正確な黄金比は，「1:1.6180339887…」というように，円周率と同じで小数点以下が限りなく続く。パルテノン神殿，ミロのビーナス（古代ギリシャ），ピラミッド（古代エジプト），レオナルド・ダ・ヴィンチのモナリザ，パリの凱旋門などに黄金比が使われている。

（174）「1対1.414」は，白銀比と呼ばれる比率。ドラえもん，ハローキティなど，日本で愛されるキャラクターにも，横幅：身長や，顔の縦横の比率が白銀比となっているものがある。

（175）1億は1に0が8個，1億×1億は1に0が16個で一京。

（176）多角形の外角の和はどの多角形でも同じで360度。

ローマ字表記の時計でよく見られるのは？

①０時のところは空白で何も表示されていない。

②４時のところに，IIII と表示されている。

③九時のところに，VIIII と表示されている。

ＡＢＯ式血液型（けつえき）のＯ型のＯの意味は？

①数字の０（ゼロ）　　②発見者の頭文字 Ｏ（オー）　　③たまごの形

１９６４年３月１８日にシャープが発売した国産初の電卓（でんたく）の発売価格（かかく）は？

①１万５千円　　②３４万５千円　　③５３万５千円

０・１・２・３と書かれた４枚（まい）のカードで作れる４けたの整数は何通り？

①１２通り　　②１８通り　　③２４通り

あるルールでできている魔方陣（まほうじん）です。

?に入る数字はいくつ？

①9　②18　③27

6561	3	729
27	243	2187
81	19683	?

Q182

エクセルで使われるわり算の記号は？

① /（半角スラッシュ）　　②÷　　③ *

Q183

?の面積は何 cm² ？

12 cm²	48cm²
21 cm²	**?**

7cm

① 76cm²　② 80cm²　③ 84cm²

答え　(177) ②　(178) ①　(179) ③　(180) ②　(181) ①　(182) ①　(183) ③

• •

(177) フランスのシャルル5世が自分の称号5から1を引く Ⅳ は縁起が悪いと考えた。
　　Ⅳ では 6 の Ⅵ と見分けにくいから。などいろいろな説がある。

(178) 赤血球上に A 型は A 抗原，B 型は B 抗原，AB 型は AB 抗原があるが，O 型
　　にはどちらの抗原もない。最初は0（ゼロ）型だったが，いつの間にか O（オー）
　　と間違えられるようになり，O 型が定着した。

(179) 重さは２５キロあった。

(180) 千の位に0は使えないので，3×3×2×1 = 18 で 18 通りとなる。

(181) 縦の列，横の列，ななめの列，それぞれの数字を全部かけると 14348907
　　になる。14348907 ÷ 729 ÷ 2187 = 9 で，?は9になる。

(182) 多くの国で，割り算の記号は「÷」ではなく，「/
　　（半角スラッシュ）」が使われている。

(183) 面積と辺の長さから①②③の長さを求める。

　　① 21 ÷ 7 = 3　② 12 ÷ 3 = 4　③ 48 ÷ 4 = 12

　　よって，?は7× 12 = 84 となる。

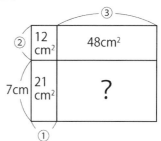

Q184

ローマ数字の MDXIII は，1513。それでは MMXII は？

Q185

ローマ数字のIX（9）に線を１本足して6にしよう。

Q186

デジタルの反対語は？

Q187

ゆいさんは５０年後に今の年れいの２倍になります。ゆいさんは今何さい？

Q188

「山口」県のように，縦書きしたときにほぼ左右対称になる都道府県名は？

Q189

７７歳の特別な呼び方は？

Q190

傘寿は（　　）歳のこと。

Q191

米寿は（　　）歳のこと。

Q192

白寿は（　　）歳のこと。

Q193

茶寿は（　　）歳のこと。

Q194

こうじゅ
皇寿は（　　）歳のこと。

答え　(184) ２０１２　　(185) ＳＩＸ　　(186) アナログ　　(187)50 さい
(188) 青森, 東京, 岡山, 山口, 三重, 香川, 富山　　(189) 喜寿　　(190)80
(191)88　　(192)99　　(193)108　　(194)111

（184）ローマ数字では，１はI，２はII，３はIII，４はIV，５はVと表す。10はX，50
はL，100はC，500はD，1000はM。MMは1000が二つで2000，Xは
10でIIは2だから，2012。

（186）「デジタル（digital）」は，本来「離散量（とびとびの値しかない量）」を意味
する言葉で，連続量（区切りなく続く値をもつ量）を表すアナログと対をなす。

（187）今の年齢を□で表すと５０年後は□＋５０歳だから，□＋５０＝□×２。□に当
てはまるのは５０。

（189）喜を草書体で書くと「㐂」になり，字を分解すると「十七」の上に「七」が付
いたような文字となることから。

（190）漢数字で「八十」を縦書きすると，「傘」の略字「仐」に似ている。

（191）米の字を分解すると八, 十, 八。

（192）百の字から一を引くと99。

（193）草冠を二十（20），その下の部分を米に見立てて88として合計すると108。

（194）皇の字を白（百から一を引いて 99），一, 十, 一に分解して，合計すると 111。

Q195

軽量スプーンの大さじは小さじの（　　）倍の液体が入る。

Q196

算数でよく使う言葉。それぞれ関係のある英語を選ぼう。

円（　） 立方体（　） 正方形（　） 六角形（　） 底辺底面（　）

角度（　） 面積（　） 体積容積（　）

ア square　　イ area　　ウ volume　　エ base

オ hexagon　　カ circle　　キ angle　　ク cube

Q197

地球の円周と同じ長さのロープがあるとする。それを地上から1m うかせて地球を1周させるには，ロープを何メートル長くしなければならない？円周率は3.14とする。

Q198

半径が10cm の円の面積は直径が5cm の円の面積の何倍？

Q199

正六角形は線対称な図形です。対称の軸は何本？

Q200

箱に赤いビー玉と青いビー玉が300こ入っている。赤いビー玉が全体の99％です。青いビー玉の数を変えずに赤いビー玉を全体の97％にするためには，箱から赤いビー玉を何こ取り出すといい？

Q201

アメリカ合衆国国防総省が「ペンタゴン」と呼ばれるのは，建物が上から
見ると何角形に見えるから？

<ruby>合衆国<rt>がっしゅうこく</rt></ruby>

Q202

次の計算と英語を正しく結びましょう。

足し算・　　　　　　　・multiplication

引き算・　　　　　　　・addition

かけ算・　　　　　　　・subtraction

割り算・　　　　　　　・division

<ruby>割<rt>わ</rt></ruby>

6年

いろいろなクイズ

答え　　(195) 3　　(196) 円から順に，カ，ク，ア，オ，エ，キ，イ，ウ　　(197)6.28m

(198)16 倍　　(199) 6本　　(200)200 こ　　(201) 五角形　　(202) 下記

・・

（195）一番大きいスプーン（15ml）が"大さじ"，中くらいのスプーン（5ml）が"小

さじ"。15÷5＝3

（197）1m 浮かせたということは，直径が2m 増えたということになります。円周は

直径×3.14なので，2×3.14＝6.28m となります。

（198）半径が10cm の円の面積は10×10×3.14。直径が5cm の円の面積は，

2.5×2.5×3.14。10÷2.5＝4だから，

10×10×3.14は，2.5×2.5×3.14の16倍。

（199）右図

（200）箱に入っている赤いビー玉は，300 × 0.99 = 297

個で，青は3個。赤いビー玉を 97％にするためには，

青いビー玉は3個だから赤いビー玉を 97 個にする必

要がある。赤いビー玉を 97 個にするためには，200 個取り出せばいい。

（202）足し算＝ addition　　引き算＝ subtraction　　かけ算＝ multiplication

割り算＝ division

Q203

正六面体と同じ立体の別名は？

Q204

数字の9を4つ使って，答えが100になる式を作ると？

Q205

ある数Aの約数（Aをのぞく）の和が，Aと同じ数になる30以下の整数は何？　※2つあります

Q206

<ruby>電卓<rt>でんたく</rt></ruby>で8÷0を入力すると何が出る？

Q207

100m走で，AとBが競争すると，AはBに20m差をつけて勝った。BとCが競争すると，BはCに20m差をつけて勝った。では，AとCが競走すると，Aは何メートル差でCに勝つ？

Q208

<ruby>鳩<rt>はと</rt></ruby>時計はもともとは何時計だった？

①カッコウ　　②ツバメ　　③アオサギ

計算棒三本でなるべくたくさんの数を作りましょう。

答え (203) 立方体　(204) 99＋9÷9　(205) 6と28　(206) エラー
(207)36m　(208) ①　(209) 下図

（203）キューブ（cube）とも呼ばれる。

（205）1＋2＋3＝6，1＋2＋4＋7＋14＝28。31以上だと，496，8128，33550336など51個が発見されている。自分自身が自分自身を除く正の約数の和に等しくなる自然数は，完全数と呼ばれている。

（207）BはAの，CはBのそれぞれ0.8倍しか進んでいない。CはAの0.8×0.8＝0.64倍進むことになるので，Aが100m進むとBは64m進んでいるので，差は100－64で36m。

（208）200年以上昔にドイツで制作されたのが始まりで昭和20年ごろ日本に伝わってきたといわれる。英語では「Cuckooclock」でカッコウ時計のこと。美しい鳴き声で幸運をもたらす鳥とされているが，日本では鳩時計として広まった。カッコウ時計とならなかった理由としては，カッコウは閑古鳥に通じ縁起が悪いから，Cuckoo（カッコウ）の発音が鳩の鳴き声に近いからなどの説がある。

（209）

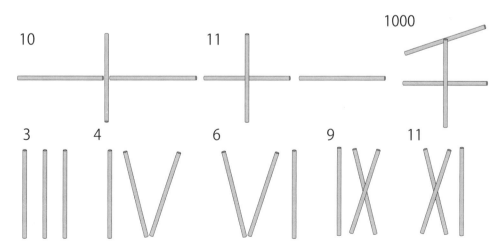

Q210

正方形，台形，直角三角形のなかで，点対称な図形はいくつ？

①1つ　　②2つ　　③3つ

Q211

正方形，長方形，平行四辺形，台形，円，二等辺三角形，正三角形，ひし形のなかで，線対称でも点対称でもある図形はいくつある？

①3つ　　②4つ　　③5つ

Q212

アルファベットのなかで線対称にかけるものを3つ見つけると？

Q213

アルファベットのなかで点対称にかけるものを3つ見つけると？

Q214

この点字は点字で何かを表す時に最初に打つものです。いったい何を表しているでしょうか？

Q215

次の点字を1〜9の数字になおすと？

答え (210)① (211)② (212)例ＡＢＣＤＥＫＨＩＭＯＴＵＶＷＸＹ
(213)例ＨＩＮＯＳＺＸ (214)数字 (215)2024

・・

（210）一つの点を中心にして180度回転させたとき，もとの図形にぴったり重なり
合う図形が点対称。三つのなかで正方形だけが180度回転すると元の図形とぴっ
たり重なる。

（211）正方形，長方形，円，ひし形は
線対称でも点対称でもある図形。台
形は，左右対称な台形の時は線対称
になる。

図形	線対称	点対称
正方形	○	○
長方形	○	○
平行四辺形	×	○
台形	△	×
円	○	○
二等辺三角形	○	×
正三角形	○	×
ひし形	○	○

（214）数符と呼ばれる点字で，
数符があると，次の点字は
数字を表していることがわか
る。

（215）連続した数字は，最初にひとつだけ数符を書く。

Q216

次の手話が表しているのは数字の何？

Q217

手話で千を表す方法で正しいのは？

①手話で漢数字の「一」，続けて「０」を３回表現する。

②手話で漢数字の「一」，続けて「０」を表現したまま手を鼻の前まであげる。

③手話で漢数字の「一」，続けて漢字の千を一筆書きで表現する。

Q218

手話で1万を表す方法で正しいのは？

①手話の「１」，続けてその手を開いてもう一度閉じた後で「０」を４回表現する

②手話で「１」，続けて漢字の万という漢字を一筆書きで表現する。

③手話で「１」，続けてその手を開いて，親指に人差し指から小指までの４本の指をくっつけるようにして閉じる。

Q219

数字の並び方のルールを見つけ，（　）に入る数字を書こう。

6 → 18 → 162 → 13122 → （　　　　）

数字の並び方のルールを見つけ，（　　）に入る数字を書こう。

45 →（　　）→ 64 → 31……　　　＊ヒント：日本に関係する数字だよ。

答え　　（216）5　　（217）③　　（218）③　　（219）86093442　　（220）15

（216）0 〜 9は手話で次のように表す。

0	1	2	3	4

5	6	7	8	9

（217）漢数字の一は人差し指を横にして表す。二千は手話で漢数字の「二」続けて漢字の千という漢字を一筆書きで表現する。三千, 四千も同じ。

（218）一億は, 手話の「1」, 続けて, その手を開いた後すぐに閉じる。グーのように指をしまい込むのが万と違う。

〈万〉　　〈億〉

（219）数に, その半分の数をかけるルール。6に半分の3をかけて18。18に半分の9をかけて162。162に半分の81をかけると13122。13122に半分の6561をかけ86093442。

（220）明治が45年まで, 大正が15年まで, 昭和が64年まで, 平成は31年まで。それぞれの元号の使われた年数。

Q221

Nに直線を3本引いて，三角形を7個作って下さい。他の三角形と重なっているときは数えません。

Q222

Wに直線を3本引いて，三角形を9個作って下さい。他の三角形と重なっているときは数えません。

Q223

Aに直線を3本引いて，三角形を7個作って下さい。他の三角形と重なっているときは数えません。

Q224

Hに直線を３本引いて，三角形を７個作って下さい。他の三角形と重なっているときは数えません。

答え　下図

••

（221）（222）（223）（224）

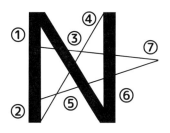

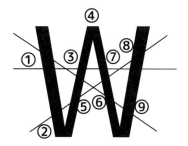

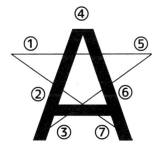

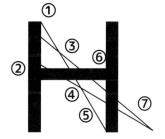

隣の席の子ども同士で数えさせるとスムーズに解答を確認できます。

ま ほうじん

Q225

魔方陣は，縦の列，横の列，ななめの列，それぞれの数字を全部足すと同じ合計になる表です。縦横5マスの正方形の魔方陣には，マスが25あるので，数字は1から25まで入ります。次の式は，1から25までの数字を合計する計算方法の1つです。①（　）にあてはまる数は何でしょうか。

$1+2+3+4+5+ \cdot\cdot\cdot\cdot\cdot +25 = 26 \times （　） \div 2$

②計算してみましょう。

Q226

5×5の魔方陣です。1から25の数字を1回ずつ入れて縦横ななめの合計がどれも同じ数字になると完成です。縦横ななめの合計はいくつ？

◆縦横ななめの合計が同じになる様に，1から25までの数字を1つずついれて，魔方陣を完成させましょう。

Q227

	16	2	14	10
12	9		18	1
20		11	7	24
6	22	19		13
4	15	8	21	

Q228

12	10		23	16
	18	11	7	
6		25	19	13
20	14	8		22
3	21	17		9

答え (225)① 25　② 325　(226)65　(227)(228) 下図

・・・

(225) ①「1+2+3+4+5+・・・・・・+25」の前と後ろの数字を1+25, 2+

24, 3+23……のように順に足すと和が26になる組み合わせが25組できます。

合計は26×25で求められますが，これは，「1+2+3+4+5+・・・・・・+

25」を2回足したことになるので，式は26×25÷2となります。

②26×25÷2＝650÷2＝325

(226) 縦の列が5列あります。それぞれの合計は同じなので，325÷5で1列の合

計は65になります。縦，横，斜めの合計はどれも65になります。

(227) 縦の合計が65だから，65からそれぞれの

縦のわかっている数字の合計を引くと空いている

場所の数字がわかります。

例65−（12+20+6+4）＝23

23	16	2	14	10
12	9	25	18	1
20	3	11	7	24
6	22	19	5	13
4	15	8	21	17

(228) ①と同じ方法で，縦の1カ所だけ空いている

場所を埋め，次に横の列を見て同じ方法で空いて

いる場所の数字を埋めます。斜めの合計も65な

ので，斜めに着目して計算する方法もあります。

12	10	4	23	16
24	18	11	7	5
6	2	25	19	13
20	14	8	1	22
3	21	17	15	9

◆縦横ななめの合計が同じになる様に，１から２５までの数字を
１つずついれて，魔方陣を完成させましょう。

Q229

1			12	18
14	17	3	21	10
	6			2
20	4	22	8	11
7	13		5	

Q230

	6	22		5
		15	8	21
	23		2	
	12	9	25	18
	20	3	11	

Q231

6		3		15
	14	10		2
25	1			
	8	24		16
4		11	7	

Q232

	12	1		
	19	10	13	
17		14	5	23
	25	18		11

答え 下図

• •

(229)

1	25	9	12	18
14	17	3	21	10
23	6	15	19	2
20	4	22	8	11
7	13	16	5	24

（230）

13	6	22	19	5
17	4	15	8	21
10	23	16	2	14
1	12	9	25	18
24	20	3	11	7

（231）A：65−（3＋10＋24＋11）＝17。B：65−（4＋8＋17＋15）＝21

同様にCDEFGHと埋めて，最後はIJを計算すると完成します。

6	I	3	J	15
C	14	10	B	2
25	1	A	H	G
D	8	24	E	16
4	G	11	7	F

6	22	3	19	15
18	14	10	21	2
25	1	17	13	9
12	8	24	5	16
4	20	11	7	23

（232）A：65−（1＋10＋14＋18）＝22。B：65−（17＋14＋5＋23）＝6

C：65−（19＋22＋5＋11）＝8。D：65−（12＋19＋6＋25）＝3

EとFの合計は，65−41で24。使っていない数字は，2，4，7，9，15，16，20，21，24。このなかで合計が24になる組み合わせは9と15，4と20。Eが9でFが15のとき，Eが15でFが9のとき，Eが20でFが4のときは条件に合いません。Eが4でFが20のとき，Gは7でHは24になるので条件に合います。Iは65−（24＋13＋5＋7）＝16。残っている数字は，2，9，15，21。JとKの合計は36なので，15か21になります。Jが21だとLは2，Jが15だとLは8。8は残っていないので，Jは21でLは2，Kが15でMは9になり完成します。

C	12	1	H	F
J	19	10	13	L
K	D	A	I	M
17	B	14	5	23
E	25	18	G	11

8	12	1	24	20
21	19	10	13	2
15	3	22	16	9
17	6	14	5	23
4	25	18	7	11

こたえ

紙を二つ折りにして折り目をつける。図のような場所に3本の切れ込みを入れる。

㋐を手前におり, ㋑をうら返すと完成。

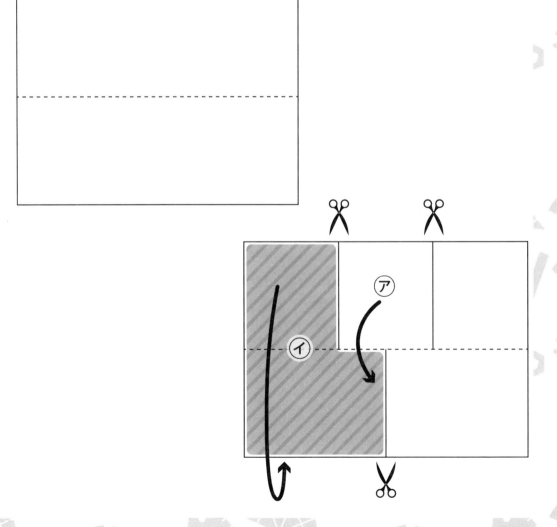

●著者紹介

蔵満逸司

1961 年鹿児島県生まれ。国立大学法人琉球大学教職大学院准教授（2016 ～ 2023）。鹿児島県小学校教諭 (1986 ～ 2015)

■著書

『奄美まるごと小百科』『奄美食 (うまいもの) 紀行』『奄美もの知りクイズ 350 問』『鹿児島もの知りクイズ 350 問』『沖縄もの知りクイズ 394 問』『鹿児島の歩き方鹿児島市篇』(以上 , 南方新社),『授業のツボがよくわかる算数の授業技術高学年』(学事出版),『小学校 1・2・3 年の楽しい学級通信のアイデア 48』『小学校 4・5・6 年の楽しい学級通信のアイデア 48』『見やすくきれいな小学生の教科別ノート指導』『特別支援教育を意識した小学校の授業づくり・板書・ノート指導』『教師のための iPhone & iPad 超かんたん活用術』『ワークシート付きかしこい子に育てる新聞を使った授業プラン 30+ 学習ゲーム 7』『小学校プログラミング教育の考え方・進め方』『小学校 授業が盛り上がるほぼ毎日学習クイズ BEST365』『インクルーシブな視点を生かした学級づくり・授業づくり』『小学生の思考力を引き出す！ 算数クイズ集〈1・2・3・4 年〉』(以上 , 黎明書房),『おいしい！授業 -70 のアイデア & スパイス +1 小学校 1・2 年』(フォーラム A),『ミナミさんちのクイズスペシャル』1,2,3(以上 , 南日本新聞社 * 非売品)

■ DVD

『演劇・パフォーマンス系導入パターン』『実践！ミニネタアイディア集 (算数編)2 巻』(以上 , ジャパンライム社)

■共著

『42 の出題パターンで楽しむ痛快社会科クイズ 608』『クイズの出し方大辞典付き笑って楽しむ体育クイズ 417』(以上 , 黎明書房)

■編著書

上條晴夫監修『小学校算数の学習ゲーム集』『算数の授業ミニネタ & コツ 101』(以上 , 学事出版)

■算数教科書編集委員

＊イラスト：伊東美貴

小学生の思考力を引き出す！　算数クイズ集〈5・6 年〉

2023 年 11 月 5 日　初版発行	著　者	蔵　満　逸　司
	発行者	武　馬　久　仁　裕
	印　刷	藤原印刷株式会社
	製　本	協栄製本工業株式会社

発 行 所　　　　株式会社 黎 明 書 房

〒 460-0002　名古屋市中区丸の内 3-6-27　EBS ビル
☎ 052-962-3045　FAX 052-951-9065　振替・00880-1-59001
〒 101-0047　東京連絡所・千代田区内神田 1-12-12 美土代ビル 6 階
☎ 03-3268-3470

ISBN978-4-654-02394-3

小学生の思考力を引き出す！
算数クイズ集〈1・2・3・4年〉

蔵満逸司著　　　　　　　B5・99頁　1900円

授業の導入やスキマ時間，宿題，家庭学習などで楽しく活用できます。計算だけではなく，とんちの利いた問題やひらめきをうながす問題など260問収録。ていねいな解答とクイズの狙いが分かる一口メモ付き。

小学校　授業が盛り上がる
ほぼ毎日学習クイズ
BEST 365

蔵満逸司著　　　　　　　B5・94頁　1800円

授業の導入や，スキマ時間，家庭学習に役立つ，ほぼ毎日できる365問。クイズはすべて，その日に起きた出来事などから作られた三択クイズ。楽しみながら知識を増やし，思考力を高めることができます。

小学校プログラミング教育の
考え方・進め方

オールカラー

蔵満逸司著　　　　　　　B5・86頁　2300円

小学校で新しく始まるプログラミング教育について，パソコンが苦手な先生でも理解できるよう平易に解説したプログラミング教育の入門書。指導例に基づく教科別の指導プラン・ワークシートなどを収録。

改訂新版 教師のための iPhone &
iPad 超かんたん活用術

オールカラー

蔵満逸司著　　　　　　　B5・86頁　2364円

はじめてiPhoneやiPadをさわる人でも，すぐに授業や教師生活に活かせるノウハウを収録！　操作説明や基本用語，各教科や特別支援教育に役立つアプリも紹介。2021年10月時点の情報に基づく改訂新版。

子どもを見る目が変わる！
インクルーシブな視点を生かした
学級づくり・授業づくり

蔵満逸司著　　　　　　　A5・97頁　1700円

特別支援教育を意識しながら小学校教諭を29年続けてきた著者が，子どもの「好き」を大切にする学級づくりや，個を大切にする協同学習など，学級づくりと授業づくりで大切なことを10の視点で解説。

ワークシート付き　かしこい子に育てる
新聞を使った授業プラン 30 ＋
学習ゲーム 7

蔵満逸司著　　　　　　　B5・86頁　1800円

「新聞のグラフを読み取ろう」「スポーツ記事を書いてみよう」など，新聞を使った小学校の各教科の授業プランと，「新聞たはいや」などの学習ゲームを収録。アクティブ・ラーニングの教材としても最適。

特別支援教育を意識した　小学校の
授業づくり・板書・ノート指導

蔵満逸司著　　　　　　　B5・86頁　1900円

発達障害の子どもだけでなく，すべての子どもの指導をより効果的で効率的なものにするユニバーサルデザインによる学習指導のあり方を，授業づくり・板書・ノート指導にわけて紹介。コピーして使える資料付。

見やすくきれいな
小学生の教科別ノート指導

蔵満逸司著　　　　　　　B5・92頁　1800円

国語，社会科，算数，理科等の各学年のノートの見やすい書き方，使い方を実際のノート例を交えながら紹介。特別支援を意識したノート指導では，支援を要する児童を意識した板書の工夫などにもふれる。

子どもも保護者も愛読者にする
小学校1・2・3年の楽しい
学級通信のアイデア 48

蔵満逸司著　　　　　　　B5・102頁　2000円

子どもとの距離も保護者との距離もぐっと近づく学級通信を48種紹介。作成手順や具体例がそのまま使えるワークシートを掲載。保護者が気になる低学年ならではのネタも紹介。4・5・6年版もあります。

＊表示価格は本体価格です。別途消費税がかかります。
■ホームページでは，新刊案内など小社刊行物の詳細な情報を提供しております。
「総合目録」もダウンロードできます。http://www.reimei-shobo.com/